KO MAAMAAKA TE BAKOA?

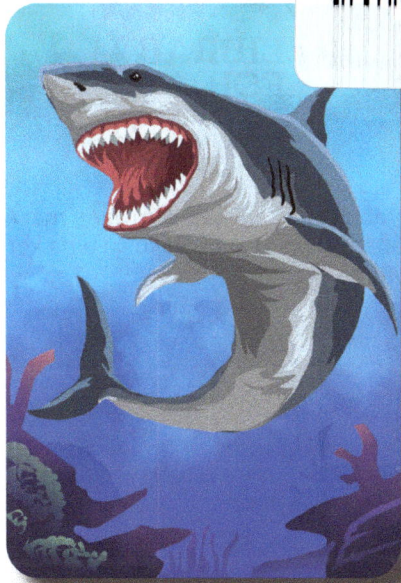

Te korokaraki iroun Timon Etuare
Te korotaamnei iroun Romulo Reyes III

Library For All Ltd.

E boutokaaki karaoan te boki aio i aan ana reitaki ae tamaaroa te Tautaeka ni Kiribati ma te Tautaeka n Aotiteeria rinanon te Bootaki n Reirei. E boboto te reitaki aio i aon katamaaroaan te reirei ibukiia ataein Kiribati ni kabane.

E boreetiaki te boki aio iroun te Library for All rinanon ana mwane ni buoka te Tautaeka n Aotiteeria.

Te Library for All bon te rabwata ae aki karekemwane mai Aotiteeria ao e boboto ana mwakuri i aon kataabangakan te ataibwai bwa e na kona n reke irouia aomata ni kabane. Noora libraryforall.org

Ko maamaaka te bakoa?

E moan boreetiaki 2022
E moan boreetiaki te katootoo aio n 2022

E boreetiaki iroun Library For All Ltd
Meeri: info@libraryforall.org
URL: libraryforall.org

Te korotaamnei iroun Romulo Reyes III

Atuun te boki Ko maamaaka te bakoa?
Aran te tia korokaraki Etuare, Timon
ISBN: 978-1-922918-59-8
SKU02374

KO MAAMAAKA TE BAKOA?

Ko maamaaka te bakoa?

Teraa bukina?

Ibukina bwa a teetenaia aomata.

Ko riiribaa te bakoa?

Teraa bukina?

Ibukina bwa a rangi n taraa ni kakamaaku ao ni unuun.

Ko riai n aki maaka ao n ribaa te bakoa.

Teraa bukina?

Ibukina bwa bon aomata taan karekea te kaangaanga nakoia bakoa.

Ni katoa ririki, ao a tiringaki bakoa aika rangi ni mwaiti irouia aomata.

Ni katoa ririki, ao a tenaaki 70 nakon 100 aomata irouia bakoa.

Ma tiaki aio te kaangaanga ngkana ko:

Ko uaua ma raoraom.

Ko tiku ni uakaan ma te aba ao n te tabo ae aki katare.

Ko tebotebo i taari
n te ngaina.

Ko uaua ni kararoai iika
ao aia tabo n akawa
aomata.

A boongana bakoa bwa:

A kabaeranta te reita ni maiu.

A kang iika aika
mamaara ma n aoraki,
a buoka teimatoan
marurungiia iika.

A kaawakina mwaitin uteuten taari ni kakionakoi iika ake a kaakanii uteute.

Ngkana akea te bakoa, ao e na rikirake mwaitiia iika aika buubura, ao e na keerikaaki mwaitin iika aika uareereke.

Iangoia ngkai, ko
na maaka ao n ribaa
te bakoa ke ko
na kamanoa ao ni
kaawakinna raoi?

Ko kona ni kaboonganai titiraki aikai ni maroorooakina te boki aio ma am utuu, raoraom ao taan reirei.

Teraa ae ko reiakinna man te boki aio?

Kabwarabwaraa te boki aio.
E kaakamanga? E kakamaaku?
E kaunga? E kakaongoraa?

Teraa am namakin i mwiin warekan te boki aio?

Teraa maamaten nanom man te boki aei?

Karina ara burokuraem ni wareware
getlibraryforall.org

Rongorongon te tia korokaraki

E bungiaki Timon Etuare i aon South Tarawa ao e bon maamaeka naba iai. E taatangiria n warekii karakin Kiribati n ikawai, ao karaki naba mai Greece. E taatangiria naba ni karaoi bon oin ana kakaraoi, ao karakinii ke n ongoongoraa nakon karaki aika kaakamanga.

Ko kukurei n te boki aei?

Iai ara karaki aika a tia ni baarongaaki aika a kona n rineaki.

Ti mwakuri n ikarekebai ma taan korokaraki, taan kareirei, taan rabakau n te katei, te tautaeka ao ai rabwata aika aki irekereke ma te tautaeka n uarokoa kakukurein te wareware nakoia ataei n taabo ni kabane.

Ko ataia?

E rikirake ara ibuobuoki n te aonnaaba n itera aikai man irakin ana kouru te United Nations ibukin te Sustainable Development.

www.ingramcontent.com/pod-product-compliance
Lightning Source LLC
Chambersburg PA
CBHW072048050426
42452CB00033BA/1861